경종은 몸이 약해 젊은 나이에
세상을 떠났어요. 경종의 뒤를 이어 어렵게
왕위에 오른 영조는 탕평책을 펼치며 조정을
안정시키고 백성들을 돌보는 데에 힘썼지요.
하지만 아들인 사도 세자를 뒤주에 가두어
죽이는 안타까운 일을 저질렀어요.
자, 경종과 영조의 역사 속으로
들어가 볼까요?

**추천 감수** 박현숙 (고대사)

고려대학교 사범대학 역사교육과를 졸업하고 동 대학원에서 문학박사 학위를 받았습니다. 현재 고려대학교 사범대학 역사교육과 교수로 재직 중이며, 백제 문화와 고대 인물사 등에 대한 활발한 연구를 계속하고 있습니다. 쓴 책으로 〈백제의 중앙과 지방〉, 〈한국사의 재조명〉 등이 있습니다.

**추천 감수** 정구복 (고려사·조선사)

서울대학교 사범대학 역사교육과를 졸업하고 서강대학교에서 문학박사 학위를 받았습니다. 한국학중앙연구원 한국학대학원의 교수로 재직 중이며, 한국학중앙연구원 한국학대학원 원장을 역임하였습니다. 쓴 책으로 〈한국인의 역사 의식〉, 〈역주 삼국사기〉, 〈한국 중세 사학사 1, 2〉 등이 있습니다.

**추천 감수** 김한종 (근현대사)

서울대학교 사범대학 역사교육과를 졸업하고 동 대학원에서 역사교육을 전공하여 문학박사 학위를 받았습니다. 현재 한국교원대학교 교수로 재직 중입니다. 쓴 책으로 〈역사 교육 과정과 교과서 연구〉, 〈역사 교육의 내용과 방법〉(공저), 〈한·중·일 3국의 근대사 인식과 역사 교육〉(공저), 〈역사 교육과 역사 인식〉(공저) 등이 있습니다.

**고증** 문중양 (과학사)

서울대학교 계산통계학과를 졸업하고 동 대학원에서 이학박사 학위를 받았습니다. 쓴 책으로 〈우리 역사 과학 기행〉, 〈우리의 과학문화재〉(공저), 〈세종의 국가 경영〉(공저) 등이 있습니다.

**고증** 정연식 (생활사 및 복식)

서울대학교 국사학과를 졸업하고 동 대학원에서 문학박사 학위를 받았습니다. 쓴 책으로 〈조선 시대 사람들은 어떻게 살았을까?〉(공저), 〈일상으로 본 조선 시대 이야기 1, 2〉 등이 있습니다.

**글** 박영규

1996년 밀리언셀러 〈한권으로 읽는 조선왕조실록〉을 출간한 이후 〈한권으로 읽는 고려왕조실록〉, 〈한권으로 읽는 백제왕조실록〉, 〈한권으로 읽는 신라왕조실록〉 등 '한권으로 읽는 역사 시리즈'를 펴내면서 쉽고 재미있는 역사책 읽기의 바람을 일으켰습니다. 그 외에도 〈교양으로 읽는 한국사〉 등의 많은 역사책을 썼습니다.

**그림** 이남구

대학에서 동양화를 공부하고 제1회 I.P.C 국제그림동화원고전, 예술의 전당 한국동화그림전에 초대받아 출품했습니다. 어린이 문화진흥회 동시화공모전 기성부문 동상을 수상하였으며 현재 프리랜서 일러스트레이터로 활동하고 있습니다. 그린 책으로 〈탐정대장 새클턴〉, 〈발해를 꿈꾸며〉, 〈황금 똥을 누는 고양이〉 등이 있습니다.

**이미지 제공**
연합포토, 중앙포토, 국립중앙박물관, 국립부여박물관, 국립경주박물관, 국립민속박물관, 유연태(사진작가), 허용선(사진작가)

광개토 대왕 이야기 한국사 **55** 조선

# 탕평책을 펼친 영조

**총기획 및 발행인** 박연환
**발행처** (주)한국헤르만헤세
**출판등록** 제17-354호
**연구개발원** 경기도 성남시 분당구 금곡동 444-148
**대표전화** (031)715-7722
**팩스** (031)786-1100
**본사** 서울시 송파구 석촌동 7-3
**대표전화** (02)470-7722
**팩스** (02)470-8338
**고객문의** 080-715-7722
**편집** 임미옥, 백영민, 윤현주, 지수진, 최영란
**디자인** 장월영, 주문배, 김덕준, 김지은

이 책의 표지는 일반 용지보다 1.5배 이상 고가의 고급 용지인 드라이보드지를 사용해 제작하였습니다. 표지를 드라이보드지로 제작하면 습기의 영향을 덜 받기 때문에 본문 용지가 잘 울지 않고, 모양이 뒤틀리지 않아 책을 오랫동안 보존할 수 있습니다.

이 책은 기존의 석유 잉크 대신 친환경 식물성 원료인 대두유 잉크를 사용하여 인쇄하였습니다. 대두유 잉크는 선진국에서 널리 사용하고 있는 고가의 대체 잉크로, 휘발성이 적어 인쇄 상태의 보존이 용이하고, 인체에 무해할 뿐만 아니라 눈에 부담을 주지 않는 자연스러운 색을 내는 특징이 있습니다.

# 탕평책을 펼친 영조

### 감수 정구복 | 글 박영규 | 그림 이남구

한국헤르만헤세

# 허수아비 왕 경종

## 병약한 왕과 신임사화

1720년 6월, 숙종의 맏아들인 윤이 왕위에 올랐어요.
그가 바로 조선의 제20대 왕 경종이에요.

경종은 14세의 어린 나이에 어머니 희빈 장씨가 사약을 받고 죽는 모습을 지켜보아야 했어요.

"우리가 희빈을 죽음으로 몰고 갔으니 왕이 가만히 있을 리가 없어. 무슨 수를 내야 할 것이야!"

경종이 왕위에 오르자 노론들은 바짝 긴장하지 않을 수 없었어요.

경종의 즉위는 곧 소론의 세상이 될 것을 예고하는 것이었거든요.

"왕에게 아들이 없으니 폐하의 아우인 연잉군을 다음 왕위 계승자로 정하시옵소서."

급기야 노론 세력은 연잉군을 '세제'로라도 세우려고 애썼어요.

'세제'란 왕의 동생이 다음 왕위 계승자가 되었을 경우 붙이는 호칭이에요.

그 소식을 들은 소론들은 펄쩍 뛰었어요.

"폐하께서 멀쩡히 살아 계신데 그게 무슨 말이오? 게다가 아직 젊으시니 곧 원자가 태어날 것입니다!"

소론 대신들이 크게 반대했지만 경종은 끝내 연잉군을 왕세제로 삼았어요.

"짐은 몸이 약하여 오래 살지 못할 듯하오. 왕실의 안정을 위해 하루빨리 짐의 뒤를 이을 사람이 필요할 터, 짐은 연잉군을 세제로 세워 왕실의 안녕을 꾀하고자 하니 그 뜻을 받들도록 하시오!"

세제 책봉이 마무리되자 노론은 또 다른 주장을 펼쳤어요.

"세제로 하여금 나랏일을 대신할 수 있도록 허락하여 주시옵소서!"

그것은 한마디로 경종에게 왕위에서 그만 물러나라는 말이나

마찬가지였어요.

"흠, 짐이 이렇게 누워만 있으니 그게 좋겠소."

경종은 연잉군에게 나랏일을 맡기기로 마음먹었어요.

이 소식을 들은 소론 측 대신들이 우르르 몰려왔어요.

"폐하, 어찌하여 대리청정을 허락하셨습니까? 대리청정이 시작되면

세제가 왕권을 쥐게 될 것이고, 그것은 곧 왕위를 넘겨주는 것이옵니다.

부디 대리청정의 명을 거두어 주십시오."

"짐이 잘못 생각했소. 즉시 세제의 대리청정을 중지하시오!"

경종은 황급히 대리청정 명령을 거두어들였어요.

대리청정이 뭐지?

왕 대신 세자나 세제가 나랏일을 돌보는 거지.

하지만 이 일로 인해 당쟁은
더욱 심해졌어요.

"병환으로 마음이 약해진
폐하를 이용하려 들다니!
노론 무리들을 그냥
두어서는 안 되겠소."
김일경 등 7명의 소론파가
경종을 찾아갔어요.

"폐하, 세제의 대리청정을 요구한 자들을 가만두시면

아니 되옵니다. 대역죄로 다스리시옵소서.

폐하를 몰아내려고 역모를 꾸민 것이나 다름없사옵니다."

경종은 김일경의 의견에 따라 노론의 우두머리라고

할 수 있는 영의정 김창집, 좌의정 이건명, 영중추부사 이이명,

판중추부사 조태채 등을 귀양 보냈어요.

또한 많은 노론 대신들을 관직에서 내쫓았지요.

한편, 뜻대로 노론 세력을 몰아낸 소론은 영의정, 좌의정, 우의정 등

조정의 높은 자리를 모두 차지했어요.

게다가 1722년 3월, 남인 출신 선비인 목호룡이 노론들의

죄를 고발하면서 소론들은 완전히 자리를 잡을 수 있게 되었어요.

"폐하께서 세자일 때 노론들이 시해 음모를 꾸민 일이 있사옵니다.

당시 그 음모를 꾸몄던
범인들을 크게 벌하소서."

목호룡은 숙종 말기에
있었던 음모의 주동자들을
하나하나 밝혔어요.

그런데 그들 대부분이
현재 권력을 쥐고 있는
노론 세력이었던 거예요.

▲ 노론 4대신 중 한 명인 이건명 영정

이제부터
소론의 세상이군!

이 일로 수많은 노론 집안 사람들이 고문을 당하거나 죽었어요.

신축년과 임인년에 걸쳐 일어난 이 사건을 '신임사화'라고 불러요.

신임사화 이후 권력은 자연히 소론으로 넘어갔어요.

소론 세력은 왕권을 위협한다는 이유로 연잉군까지 죽이려 했어요.

이를 눈치챈 연잉군은 왕대비인 인원 왕후 김씨를 찾아갔어요.

"대비마마, 저는 맹세코 나쁜 마음을 품은 적이 없사옵니다.

신의 결백을 믿어 주십시오.”

인원 왕후는 연잉군을 위협하지 말라는 교서를 내렸어요.

대비의 교서 덕분에 연잉군은 더 이상 소론의 공격을 받지 않았지요.

병상에 누워 있던 경종은 1724년 8월에 숨을 거두었어요.

마침내 노론의 지지를 받고 있던 연잉군이 왕위를 이었어요.

자연히 연잉군을 없애려고 안달했던 소론은 큰 위기를 맞았지요.

# 당쟁을 없앤 영조

## 일어서는 노론과 이인좌의 난

1724년 8월, 왕세제였던 연잉군이 왕위에 올랐으니
그가 바로 제21대 왕 영조예요.
후궁 숙빈 최씨에게서 태어난 영조는 어미의 신분이
천하다는 이유로 많은 업신여김을 받았어요.
노론의 도움으로 어렵게 왕위에 오른 영조는 즉위와 함께
선비 이의연을 내세워 소론을 몰아내려 했어요.
"폐하, 선왕 때 폐하를 세제로 책봉하기 위해 노력했던
많은 노론의 신하들이 억울하게 처벌되었사옵니다.
이제 그들의 억울함을 풀어 주시고,
다시 조정으로 불러들이옵소서."
그러나 이의연의 주장은 쉽게 이루어지지
못했어요. 조정의 주요 관직을 모두
소론들이 차지하고 있었기 때문이지요.
"국상 중에 선왕의 잘잘못을
따지는 것은 역적 행위입니다.
이의연을 처벌하시옵소서!"

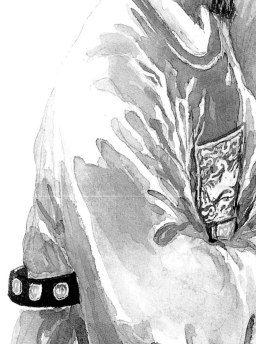

소론의 강한 반발에 부딪힌 영조는 이의연을
귀양 보낼 수밖에 없었어요.
하지만 노론은 소론에 대한 공격을 멈추지 않았어요.
얼마 뒤, 노론의 송재후가 예전의 상소 하나를 들추어냈어요.
"폐하, 이것은 신임사화 때 김일경이란 자가 올린 상소입니다.
이 상소에는 폐하께서 왕위를 차지하기 위해
선왕이신 경종을 죽이려 드는 것처럼 쓰여 있습니다."
영조는 소론 세력을 꺾을 좋은 기회라고 생각했어요.
노론 세력 역시 벌 떼처럼 일어나 김일경을 벌주라고 주장했지요.
"당장 김일경을 잡아 오거라. 내가 직접 문초하리라."
그런데 붙잡혀 온 김일경은 억울하다고 호소했어요.
"저는 절대로 그런 뜻의 글을 올린 적이 없사옵니다."

"신임사화 때의 기록에 모두
적혀 있는 것을 그대는
어째서 아니라고 하는가?
바른대로 말하지
못하겠는가?"
"신하된 자가 어떻게
왕세제를 두고 그런
모함을 할 수

있겠습니까? 소신은 그런 말을 한 적이 없사옵니다."

김일경이 끝까지 버티자 영조는 사형을 내렸어요.

그리고 이 일을 빌미로 수많은 소론 측 대신들이 죽임을 당했지요.

소론들이 물러난 자리를 노론들이 흘끔거렸어요.

'소론 세력이 정리되었으니, 이젠 우리가 그 자리에 앉으면 되겠군.'

하지만 영조의 생각은 달랐어요.

'노론이 거들먹거리는 것 또한 그냥 둘 수 없지.'

영조는 당파를 따지지 않고 인재를 고루 뽑아 썼어요.

그 덕에 위기에 몰렸던 소론들은 겨우 자리를 보존할 수 있었어요.

그런 가운데 소론 출신의 선비들과
남인 출신의 선비들이 모여
반란을 일으켰는데,
이것이 '이인좌의 난'이에요.

반란을 이끌었던 이인좌는 소론 출신이었어요.

"현재의 왕은 선왕 경종을 살해하고 왕위에 올랐소.
나라를 바로 세우기 위해서는 선왕의 원수를
갚아야 하오."

이인좌의 이런 주장에는
나름대로 그럴 만한
이유가 있었어요.

왕의 권위를
나타내는 도장이야

▲ 옥새

경종은 평소에 병을 앓기는 했지만 죽을 정도는 아니었어요.
그래서 사람들은 경종의 갑작스러운 죽음이
독살은 아닐까 하고 의심하게 되었던 것이지요.
여기에 의혹을 더하게 된 것은 경종이 영조가 올린
게장을 먹고 죽었다는 사실이었어요.

경종 대왕은
독살된 것이오!

그 소문이
사실이오?

16

이인좌는 소론과 남인의 급진 세력뿐만 아니라
평안 병사, 금군별장 같은 무장 세력도 끌어들였어요.
또한 나라에 불만이 가득한 서얼 출신과
노비나 화적 떼까지 모아 반란을 준비했지요.
어느 정도 군대의 힘이 갖추어지자,
전국을 돌아다니며 거짓 소문을 퍼뜨리기 시작했어요.
"글쎄, 지금의 왕이 선왕을 죽였대."
"쯧쯧, 형을 죽이다니! 그런 자는 벌을 받아야 해."
소문은 점점 번졌고, 민심은 크게 흔들렸어요.
이러한 때에 영조는 노론들을 내쫓고 다시 소론들을
조정으로 불러들였어요.
간신히 세력을 되찾은 소론들은 반란을 꾀하고 있는
이인좌를 멀리하며 조심했어요.
그런데 그만 이인좌의 부하인 최규서가 반란 계획을
포도청에 몰래 고발하고 말았어요.
영조는 반란자를 찾아내려고 눈에 불을 켰어요.
그러자 계획이 탄로 났음을 눈치챈 이인좌는
1728년 3월 15일, 군대를 이끌고 반란을 일으켰어요.
**"우리는 하늘을 대신해 지금 왕의 죄를
벌하고, 나라를 바로 세우기 위해 뭉쳤다!"**

이인좌는 군대를 장례 행렬로 꾸민 후 청주로 들어갔어요.

순식간에 청주성을 함락시킨 후 자신의 부하들을

충청 병사와 청주 목사로 임명하고, 더 많은 군사를 모집했어요.

그러나 관군들을 무찌르기란 쉬운 일이 아니었어요.

반란군과 관군이 거세게 맞붙은 끝에 이인좌의 군대는

오명항이 이끄는 관군에게 크게 지고 말았어요.

영남과 호남 지방에서도 잇따라 반란이 일어났어요.

영남 지방에서는 정희량이 강력한 세력을 이루었고,

호남 지역에서는 태인 현감 박필현이 들고일어났어요.

하지만 전국으로 확대되었던 반란은 모두 실패하고 말았어요.

비록 이인좌의 반란은 실패로 끝났지만, 이로 인해 조정에도

많은 변화가 일어났어요.

이인좌를 비롯해 반란군의 지도층이 대부분 소론 출신이었기 때문에,
어렵사리 자리를 지키고 있던 소론이 크게 힘을 잃게 되었거든요.
영조는 흐뭇한 미소를 지었어요.
'강력한 왕권을 세우리라! 강력한 왕권을!'

## 뒤주에 갇혀 죽은 사도 세자

"도대체 이게 뭔가? 반란을 잘 진압하고서도

제대로 된 대접은커녕 큰소리 한번 낼 수 없으니……."

"그게 다 반란을 일으킨 자들이 우리 소론이었기 때문이 아닌가.

그저 조용히 숨죽이고 있을 수밖에 없네."

영조는 소론들이 기죽어 있는 이 기회를 놓치지 않고 각 당파에서

인재를 고르게 등용하는 탕평책을 실시했어요.

조정이 어느 정도 안정된 후에는 노론과 소론뿐만 아니라

남인과 북인에서도 인재를 뽑아 썼지요.

그 덕분에 조정은 20년 동안 매우 안정될 수 있었어요.

1749년, 56세가 된 영조는 건강이

나빠지자 세자 선에게 나랏일을

▲ 성균관 입구에 세워진 탕평비

유학생들에게 군자의 도를 닦게 하기 위해 세운 비석이야.

돌보게 했어요. 세자 선이 바로 사도 세자랍니다.

세자 선이 나랏일을 맡아보면서 각 당파들은 나랏일보다는

세자에게 잘 보이기 위해 눈치 싸움만 벌였어요.

한편 세자는 노론보다 남인, 북인 들과 친하게 지냈어요.

그렇게 10년이라는 세월이 흐르자, 세자와 노론은 점점 멀어졌어요.

영조의 첫 왕비인 정성 왕후 서씨가 죽고 2년 후인 1759년,

영조는 66세의 나이로 15세의 정순 왕후 김씨를 계비로 들였어요.

정순 왕후는 노론 김한구의 딸로, 당연히 세자를 좋아하지 않았지요.

게다가 중전인 자신이 있는데도 후궁인 영빈 이씨의 소생이 장차 왕위를

이을 세자 자리에 있는 것이 매우 못마땅했어요.

세자 역시 정순 왕후의 이런 생각을 알고 있었기 때문에 세자와 노론

사이는 점점 더 벌어질 수밖에 없었어요.

급기야 노론들은 세자를
폐위시켜야겠다는 생각까지
하게 되었어요.
세자를 몰아내기 위해
노론 측은 세자와 영조
사이를 갈라놓기
시작했어요.

그 일에 가장 앞장선 사람은 정순 왕후와 영조가 남달리 예뻐하던
후궁인 숙의 문씨였어요.

"세자는 소론, 북인, 남인만 가까이하옵니다.

폐하를 도운 것은 노론이니, 그들을 멀리하는 것은

폐하를 모욕하는 것이옵니다."

정순 왕후가 끊임없이 세자를 헐뜯자, 처음에는 세자 편을 들던

영조도 차츰 세자를 의심하고 못마땅하게 여기기 시작했어요.

나중에는 세자를 불러 소문을 확인까지 했지요.

"다시는 이런 소문이 나지 않도록 행동을 조심하라."

이런 일이 끊이지 않자 세자는 정순 왕후와 노론이

자신의 목숨을 노리고 있다고 생각하고 조심스럽게 행동했어요.

그러나 얼마 뒤 숙의 문씨가 또
영조에게 세자가 밤마다 궁을
빠져나간다고 고자질을 했어요.

"네가 밤마다 몰래 궁궐을
빠져나간다고 하는데
사실이냐?"

"폐하, 그런 일은
없사옵니다.
믿어 주시옵소서."

세자는 정말
억울했겠다.

세자가 그렇게
미웠나?

세자는 동궁전 궁녀들 속에 첩자가 있다고 생각했어요.

"동궁전의 일이 밖으로 흘러나가지 않도록 조심하시오."

그런데 이 일 또한 영조의 귀에 들어가고 말았어요.

영조는 크게 노여워하며 세자 선을 다그쳤어요.

"네가 궁녀들을 협박했다는 게 사실이냐?

그토록 일렀는데, 어찌 반성하지 않고 함부로 행동하고 다니느냐?"

"사실과 다른 말들이 흘러나오기에 조심시켰을 뿐이옵니다."

"시끄럽다. 네가 부끄러운 행동을 하지 않았다면

궁녀들의 입을 막을 이유가 없지 않느냐?"

그 후 영조는 툭하면 세자를 불러 말과 행동을 조심하라고

호통을 쳤어요.

영조의 계속되는 꾸지람은

세자를 몹시 예민하게

만들었어요.

▲ 사도 세자의 편지

"내 반드시 정순 왕후와 노론의 첩자를 찾아 혼쭐을 내리라!"

세자의 눈에는 모든 궁녀들이 첩자로 보였어요.

심지어는 노론 집안 출신인 세자빈 홍씨까지도 의심할 정도였지요.

"빈궁도 노론 출신이니 내가 싫소? 혹 내 행동을 친정에 알리고 있소?"

"저하, 어찌 그런 말씀을! 아무리 친정이 가깝다고 해도

살을 맞대고 사는 저하보다 귀하겠사옵니까?"

영조의 잦은 꾸지람 때문에 신경이 잔뜩 예민해진 데다

주변 사람들이 모두 첩자일지도 모른다는 의심으로

모든 것을 믿을 수 없게 된 세자는 몹시 불안했어요.

그러던 어느 날, 세자는 침실 바깥에서

숙직을 하고 있던 궁녀를 불러들였어요.

"네가 숙직을 선 다음 날엔 꼭 아바마마께서

호통을 치시더구나.

바른대로 말하면 목숨만은 살려 주겠다.

누가 나를 감시하라고 시켰느냐?"

궁녀는 몸을 오들오들 떨며 그런 일은 없다고 말했지만

세자는 의심을 거두지 않았어요.

분을 이기지 못한 세자는 급기야 칼로 궁녀를

죽이고 말았어요.

이 사실은 곧 영조의 귀에 들어갔어요.

"세자가 칼로 궁녀를 죽였다고? 당장 세자를 불러오너라!"

세자를 보자마자 영조는 무서운 눈빛으로 호통을 쳤어요.

"네 이놈! 어찌하여 너는 함부로 사람을 죽였느냐?"

"아바마마, 소자는 그저 첩자를 벌하였을 뿐입니다."

"첩자라고? 이런 못난 놈! 너처럼 한심한 놈이 이 나라의
세자라는 사실이 부끄럽구나. 당장 물러가라!"
며칠 뒤, 세자는 동궁전을 빠져나왔어요.
"아바마마께서 나를 이토록 못 믿으시니, 세자 자리에 있는 것이
불효다. 궁도 왕위도 싫다. 그저 자유롭게 살고 싶구나……."
세자는 황해도와 평안도를 두루 돌아다니다가 왔어요.
뒤늦게야 이 사실을 알게 된 영조는 노발대발했어요.
"한 나라의 세자가 감히 몰래 궁을 벗어나?
또 한 번 소란을 피우면 궁궐에서 쫓겨날 줄 알아라!"
그 무렵, 노론인 윤재겸이 세자를 비판하는 상소를 올렸어요.

**세자께서 이상한 행동을 계속하고 있습니다. 이대로라면
나라의 기강도 제왕의 위상도 금세 땅에 떨어질 것이옵니다.**

영조는 우선 세자와 함께 여행했던 자들을 벌했어요.
하지만 노론의 공격은 거기서 그치지 않았어요.
정순 왕후의 아버지 김한구, 노론의 우두머리 홍계희 등은
청지기 나경언을 시켜 상소를 쓰게 했어요.
나경언은 세자의 나쁜 행적 열 가지를 자세히 적었어요.
상소를 읽은 영조가 몹시 화가 나 있을 때,
세자의 생모인 영빈 이씨까지 세자를 위기로 몰고 갔어요.

"폐하, 세자가 요즘도 궁녀들을 함부로 죽이고,

심지어 어미인 저까지도 동궁전 출입을 못하게 하옵니다.

세자를 그냥 두었다가는 큰일이 날지도 모르니 차라리 내치소서."

생모조차 세자를 탓하자 영조의 마음도 돌아섰어요.

'세자를, 세자를 어찌하면 좋을꼬…….'

고민하던 영조는 세자의 장인이자 노론의 중심인 홍봉한을 불렀어요.

"영빈이 세자를 내치라고 하니 어쩌면 좋소?"

"오죽하면 어미가 자식을 내치라 하겠나이까.

아뢰옵기 황공하오나, 세자 저하는 경종 대왕을 폐하께서

죽였다고 믿고 있다고도 하옵니다."

영조는 세자를 불러 무섭게 다그쳤어요.

하지만 세자는 아무 대답도 하지 않았어요.

## "고얀 놈 같으니! 감히 아비를 살인자로 몰아? 스스로 목숨을 끊어 죄를 씻도록 하라!"

하지만 세자 선은 그 명령에 따를 수 없었어요.

'내 차라리 거지로 태어났다면 좋았을 것을.

어찌하여 왕자로 태어나 이런 수모를 당해야 한단 말인가?'

한편, 세자가 목숨을 끊지 않았다는 말에 영조는

불같이 화를 냈어요.

▲ 곡식을 담던 조선 시대의 뒤주

깜깜한 뒤주 속에서 얼마나 무서웠을까!

28

"네가 하지 않겠다면 내 손으로 직접 하마.

여봐라, 세자를 뒤주에 가두고 물 한 모금 내어 주지 마라."

결국 세자는 뒤주에 갇힌 지 8일 만에 숨을 거두었어요.

당시 세자의 나이 29세였어요.

그 후 영조는 자신의 행동을 후회하며 세자 선에게

'사도'라는 이름을 내렸어요.

세자가 죽자, 대신들은 세자의 죽음을 안타까워하는 시파와

죽음을 당연하게 생각하는 벽파로 갈라져 또 싸웠어요.

영조는 사도 세자의 아들 산을 세손으로 삼았어요.

노론은 세손이 왕위에 오르면 자신들이 무사하지 못할까 봐

세손마저 없애려 했지만 뜻을 이루지 못했어요.

또한 영조가 80세가 넘어 나랏일을 제대로 돌보지 못하자, 화완 옹주가

조정을 제멋대로 움직이려 했어요.

특히 눈엣가시 같은 세손을
쫓아내기 위해 갖가지 못된
짓을 꾸몄어요. 하지만
그들의 계획은 번번이
실패했고, 그런 속에서
세손 산은 간신히 왕위를
물려받을 수 있었어요.

시파와 벽파?

이번엔 사도 세자를
기준으로 나누어진
당파군!

## 실학을 개척한 학자들

조선은 도덕과 인격을 가장 중요하게 생각하는 나라였어요.

그런데 차츰 이론보다는 생활과 관계있는 것을 연구하려는 학자들이

나타났어요. 이렇게 생활에 쓸모 있는 학문을 '실학'이라고 하며,

이것을 연구하는 학자를 '실학자'라고 해요.

실학은 지리학, 역사학 등 여러 가지 분야에서 발달했는데,

영조 때의 대표적인 실학자로는 역사를 연구한 안정복과

과학을 연구한 홍대용을 꼽을 수 있어요.

안정복은 10세 때부터 학문을 익히기 시작했어요.

성리학은 물론이고 역사, 천문, 지리, 의약 등 다양한 분야에

관심을 갖고 깊은 학문을 쌓았어요.

하지만 과거 시험은 단 한 번도 치르지 않았어요.

'내가 남인 출신이니, 과거로 벼슬길에 나가기는 힘들 거야.

그저 내 지식이 백성들에게 도움이 되길 바랄 뿐이다.'

안정복은 35세가 되었을 때, 이익을 새로운 스승으로 모셨어요.

'이황 선생의 이론은 정말 훌륭하지만 이 세상을 구성하는

만물에 대한 구체적인 연구가 거의 없어.

나라를 잘 다스리려면 백성들의 삶과 관계있는 것들에

관심을 가져야 할 텐데……'

안정복은 이익의 다른 제자들보다 나이가 많았지만

아랑곳하지 않고 학문에 힘을 쏟았어요.

'허허, 나이가 많다고 기죽거나 포기하지 않고 저렇게 열심히
학문을 닦다니, 정말 대단한 사람이야.'

이익은 흐뭇하게 안정복을 바라보았어요.

저 나이에도
저렇게 열심히 학문을
연구하다니…

31

이익의 특별한 보살핌 덕분에 안정복은 더욱 깊은 학문을
닦을 수 있었어요. 안정복은 역사는 물론 천문, 지리, 의학,
종교 등에 대해서도 막힘이 없었지요.

그의 소문을 들은 조정에서는 안정복에게 벼슬을 내리기로 했어요.
1749년, 안정복이 38세 되던 해였어요.

'음, 광주의 역사와 지리를 연구할 수 있는 좋은 기회군.'

안정복은 중종의 묘를 지키며 그곳의 자료를 모아 〈광주지〉라는
책을 펴냈어요.

이 외에도 기자 조선에서부터 고려 시대까지를 정리한 역사책인
〈동사강목〉도 썼어요. 〈동사강목〉에서는 다른 역사책에 기록된
내용들을 비교하고 비판했으며, 당시 역사서에는
다루지 않았던 일연의 〈삼국유사〉도 인용했어요.

우리 민족의 역사와 사상에 대한
연구에 평생을 바친 안정복은
1791년에 81세의 나이로
세상을 떠났어요.

벼슬보다는
학문 연구에 힘쓴
훌륭한 학자네!

그런 사람이
진짜 선비지.

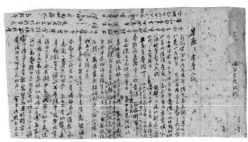

▲ 안정복이 쓴 편지글

32

# 과학의 발전을 이끈 홍대용

홍대용은 조선에 서양의 과학을 알린 사람이에요.

서인 노론파인 홍역의 아들로 태어나 몇 번이나 과거 시험을 치렀지만

그때마다 번번이 실패하고 말았어요.

과거 공부에만 매달렸던 홍대용은 1765년에 우연히 북경(베이징)에

가게 되었어요.

숙부인 홍억이 청나라 사신으로 임명된 덕택이었지요.

이 여행으로 홍대용은 새로운 문물에 눈뜨게 되었어요.

당시 홍대용은 천문학에 깊은 관심을 가지고 있었어요.

'북경에 가면 천문학에 관계된 책을 가져와야지.'

홍대용은 북경에서 약 3개월 동안 머물며

청나라 학자들과 만남을 갖고 서로 글을 주고받았어요.

조선으로 돌아와서도

그들과 연락을 주고받으며

역사, 종교, 풍속 등에

대한 이야기를 나누었지요.

홍대용은 이때 나눈

이야기를 정리하여

〈건정필답〉이라는 책을

펴냈어요.

홍대용은 청나라에 갔을 때, 천문을 담당하는 관아인 '흠천감'을
방문했어요. 그리고 그곳에서 만난 독일 사람들에게
서양의 천문 지식을 배웠지요.
북경의 천주교 교회에 있는 천문학 관련 책과 관측 시설 등을
둘러봤을 때는 홍대용의 두 눈이 휘둥그레졌어요.
'이제까지 내가 한 천문학 공부는 겨우 어린아이 수준이었어!'
홍대용의 눈길을 가장 먼저 끈 것은 관상대였어요.
원래 관상대는 다른 사람에게 공개하지 않는 곳이었지요.
그런데 홍대용이 밤늦도록 돌아가지 않고 서성거리자,
그 정성에 감동받은 관리가 관상대 안을 보여 주었어요.
"다른 나라에서는 이런 기구를 가지고 하늘을 보는구나."
홍대용은 그곳에서 중국은 물론 유럽의 관측 기구들까지 보았어요.
또 지구가 태양의 주위를 돈다는 지동설에 대해서도
처음으로 듣게 되었지요.
'지구가 돈다고? 그럼 사람은 왜 그것을 느끼지 못할까?'
새로운 과학에 대한 열정이 불타오르게 된 홍대용은 조선으로
돌아온 후, 이덕무와 박제가에게 지동설을 소개했어요.
"우리가 서 있는 지구는 지금 태양을 중심으로 돌고 있다네.
달은 지구를 중심으로 돌고 있지."
"어허, 도저히 믿기지 않는군그래. 그게 사실인가?"

"서양의 관측기구로는 별의 움직임까지 다 보이더군."

홍대용은 친구들을 소개시켜 주었어요.

덕분에 조선에는 새로운 사상에 눈을 뜬 실학자들이 늘어났지요.

홍대용은 청나라 학자들과 주고받은 편지를 모아

〈항전척독〉을 펴냈으며, 베이징에 갔을 때 겪은 일들을 엮은

〈연기〉라는 책을 펴내기도 했어요.

그리고 서양의 문물과 과학 기술에 대한 생각을
정리하여 〈의산문답〉이라는 책을 펴냈어요.
이처럼 홍대용은 자신이 경험한 새로운 세상을
소개하는 책과 자신의 생각을 담은 책을 많이 썼어요.
"나는 북경에서 새 하늘을 발견했다.
세상은 넓고 알아야 할 것은 많다. 그리고 이제까지
당연하다고 생각하던 것들이 모두 다 뒤집혔다."
홍대용의 〈담현서〉에는 지구가 움직인다는
지전설뿐 아니라, 인간은 자연 속에서 살아가는
하나의 생명체에 불과하다는 생명론,
사대주의에서 벗어나 넓은 우주를 보아야 한다는
우주무한론 등 여러 가지 사상들이 들어 있어요.
또 홍대용은 사람은 높고 낮음을 따질 수 없는
평등한 존재이며, 계급과 신분에 차별이 없어야 한다고
주장했어요.
홍대용의 책 덕분에 많은 조선의 선비들이 다른 나라의
과학과 문화를 경험할 수 있었으며,
조선의 과학 기술을 발진시길 수 있었어요.

# 개혁에 눈뜨는 사람들

조선 후기에 접어들면서 성리학에 대한 한계를 깨닫고 서서히 실제적인 것을 추구하는 학문이 싹트기 시작했어요. 이론보다는 실생활에 도움이 되는 학문을 중시하는 경향이 생긴 것이지요. 이런 학문을 '실학'이라고 해요.

## ❀ 농업을 바꾸어야 잘산다

조선 시대는 농업에 기반을 둔 사회였어요. 토지가 곧 재산이었기 때문에 토지에 따라 세금을 매겼어요.

일반 백성들은 양반들의 토지에 농사를 지어 거두어들인 곡식을 소작료로 내야 했어요. 그래서 많은 실학자들이 농민들이 잘살 수 있는 방법에 대해 고민했어요.

실학자들은 농사짓는 백성들에게도 토지를 나누어 주어야 한다고 생각했어요. 이러한 주장을 한 대표적인 학자가 유형원, 이익, 정약용이에요.

나라에서 모든 토지를 소유한 다음 백성들에게 똑같이 나누어 주어야 하오.

대대로 농사지을 수 있는 땅을 주어 사고팔지 못하게 해야 합니다.

공동으로 경작해 수확물도 공동으로 나누는 것은 어떻

유형원  이익  정약용

혼천의를 가지고 천체의 운행과 위치를 관측했어.

▲ 홍대용이 연구에 사용한 혼천의

## ❀ 상업과 공업의 발전만이 살길이다

유수원, 박지원, 홍대용, 박제가 등은 다른 생각을 했어요. 이들은 청나라에 가서 새로운 문물을 접하면서 새로운 기술을 만들어 내는 상업이나 공업이 발전해야 나라가 발전한다는 생각을 갖게 되었어요. 이들의 사상은 당시 조선 사회에서는 받아들이기 힘든 것이었지요. 조선 시대는 상업이나 공업을 천한 일이라 여겼거든요.

그들은 당장 일상생활에서 필요한 물건을 만드는 기술을 발전시켜야 한다고 주장했어요.

## ✿ 현실의 벽에 부딪힌 실학자들

시대를 앞서 나가는 실학자들의 생각은 그 당시에는 받아들이기 힘들었어요. 많은 토지를 가진 양반들은 농민들 편에 서서 토지 제도의 개혁을 주장하는 그들의 사상을 받아들일 수 없었어요. 또 당시 유학자들은 청나라를 오랑캐라 부르며 업신여겼기 때문에 청나라의 새로운 문물을 받아들이는 데에 반대했어요. 결국 실학자들은 막강한 세력을 가진 양반들로부터 외면받았고, 그들의 생각은 정치에 반영되지 못했어요. 이들 실학자들의 사상은 훗날 개화파에게 큰 영향을 주게 되었답니다.

박지원은 〈열하일기〉를 통해 한양을 출발해 베이징과 열하에 이르러 다시 귀국하는 약 5개월 동안의 여행길을 기록으로 남겼어요. 〈양반전〉, 〈호질〉, 〈허생전〉 등과 같은 고전 소설들을 담고 있어 '우리나라 고전 문학의 으뜸'이라고 일컬어지고 있어요.

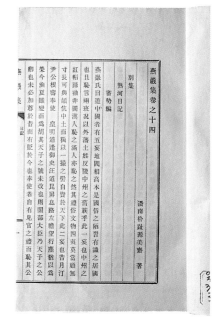

▲ 중국의 신문물과 실학사상을 소개한 〈열하일기〉

---

### 한국사 돋보기 — 묵무침을 왜 탕평채라 부르나?

탕평채는 하얀 청포묵에 달걀지단, 고기, 김 가루, 미나리 등을 얹어 함께 버무린 음식이에요. 당쟁이 심해지자 영조는 신하들을 서로 화목하게 지내게 하기 위해 고민했어요. 그래서 당파를 없애자는 '탕평책'을 마련했지요.

영조는 탕평책을 의논하는 자리에는 꼭 묵무침을 내오게 했어요. 갖은 음식이 고루 섞인 묵무침을 보며 신하들도 서로 잘 어울렸으면 하는 바람이었지요.

영조는 재료에도 신경을 써서 각 당파의 상징 색을 썼어요. 북인은 검은색이니 김 가루를, 동인은 푸른색이니 미나리를, 남인은 붉은색이니 쇠고기를 볶아서 넣었어요. 주재료인 청포묵은 흰색으로 서인을 상징했지요. 그래서 이 음식을 '탕평채'라고 부르게 되었답니다.

▲ 탕평채

갖은 음식 재료가 골고루 섞인 탕평채는 조화를 뜻해.

# 활기 넘치는 장시

조선 후기에 오면서 전국적으로 장시가 활기를 띠었어요. 옛날에는 5일마다 장이 열렸어요. 장시에는 볼거리도 많고 먹을거리도 많아 사람들이 장날을 손꼽아 기다렸지요. 가장 큰 장시는 한양의 장시였어요.

## ❀ 장시에서는 누가 물건을 팔았을까?

▲ 보부상

등에 짐 보따리를 지고 다니던 보부상이 있었어요. 이들은 전국의 장시를 떠돌아다니며 물건을 팔았어요. 여러 지역을 돌아다녔기 때문에 보부상은 소문을 많이 알고 있었어요. 사람들은 보부상에게서 물건도 샀지만 그보다 재미난 이야기를 많이 들을 수 있었어요. 또 전국적인 조직망을 갖춘 상인 조직이 있었어요. 의주를 중심으로 한 만상, 개성을 중심으로 한 송상, 한양을 중심으로 한 경강상인이 그들이에요.

### · 물건을 사고팔 때 사용한 도구

▲ 부피를 재던 되예요. 되보다 큰 것은 말,
작은 것은 홉이에요.

▲ 무게를 재는 저울이에요. 근, 냥,
돈 순으로 나타냈어요.

▲ 물건을 사려면 상평통보라는
엽전으로 값을 치렀어요.

▲ 여각을 재현해 놓은 모습

## ❀ 잠자리와 먹을 것은 어떻게 해결했나?

큰 장시에는 전국에서 사람들이 모여들었어요. 물건을 팔러 온 사람, 사러 온 사람 등으로 북적거렸지요. 이들에게 잠자리와 음식을 제공해 주는 곳을 여각과 객주라고 해요. 오늘날의 여관이나 식당이지요. 여각과 객주에서는 상인들의 물건을 맡아 주기도 하고 돈을 빌려 주기도 했답니다.

# 한눈에 보는 연표

**1710**

신임사화로 노론 4대신 죽음 ➡ 1722

탕평책 실시 ➡ 1725

1727 ⬅ 아이작 뉴턴 죽음

이인좌의 난 ➡ 1728 ⬅ 오스만 제국, 인쇄소 설치

▲ 만유인력을 발견한 뉴턴

## 탕평비

영조가 탕평책을 펼쳐 붕당의 폐단을 막고 바른 정치를 하기 위해 세운 비석이에요.

**1730**

1735 ⬅ 청, 건륭제 즉위

1740 ⬅ 오스트리아, 왕위 계승 전쟁

탕평비 건립 ➡ 1742

붕당 정치는 붕당 간에 서로 비판·견제를 하는 정치야.

균역법 실시 ➡ **1750** ⬅ 미국 프랭클린, 피뢰침 발명

한양의 인구 19만 7,000명으로 집계 ➡ 1756 ⬅ 프로이센·오스트리아 칠 년 전쟁

안정복, 〈동사강목〉 편찬 ➡ 1759

1762 ⬅ 루소, 민약론 발표

홍대용, 〈연행록〉 편찬 ➡ 1765 ⬅ 와트, 증기 기관 완성

## 보스턴 차 사건

보스턴 항구에 정박 중이던 영국 동인도 회사 선박에 실린 차를 미국 식민지 사람들이 바다에 버린 사건이에요.

▲ 한양의 모습

**1770**

1773 ⬅ 미국, 보스턴 차 사건

노비의 공납을 ➡ 1774
반으로 줄임

1776 ⬅ 미국, 독립 선언

영국이 차에 세금을 매긴 것에 맞서 미국 식민지 사람들이 들고 일어난 거야.